BEI GRIN MACHT SICH IHR WISSEN BEZAHLT

- Wir veröffentlichen Ihre Hausarbeit, Bachelor- und Masterarbeit

- Ihr eigenes eBook und Buch - weltweit in allen wichtigen Shops

- Verdienen Sie an jedem Verkauf

Jetzt bei www.GRIN.com hochladen und kostenlos publizieren

Bibliografische Information der Deutschen Nationalbibliothek:

Die Deutsche Bibliothek verzeichnet diese Publikation in der Deutschen National-bibliografie; detaillierte bibliografische Daten sind im Internet über http://dnb.d-nb.de/ abrufbar.

Dieses Werk sowie alle darin enthaltenen einzelnen Beiträge und Abbildungen sind urheberrechtlich geschützt. Jede Verwertung, die nicht ausdrücklich vom Urheberrechtsschutz zugelassen ist, bedarf der vorherigen Zustimmung des Verlages. Das gilt insbesondere für Vervielfältigungen, Bearbeitungen, Übersetzungen, Mikroverfilmungen, Auswertungen durch Datenbanken und für die Einspeicherung und Verarbeitung in elektronische Systeme. Alle Rechte, auch die des auszugsweisen Nachdrucks, der fotomechanischen Wiedergabe (einschließlich Mikrokopie) sowie der Auswertung durch Datenbanken oder ähnliche Einrichtungen, vorbehalten.

Impressum:

Copyright © 2017 GRIN Verlag
Druck und Bindung: Books on Demand GmbH, Norderstedt Germany
ISBN: 9783668801103

Dieses Buch bei GRIN:

https://www.grin.com/document/441303

Mehmet Kaplan

Verkaufsmanagement in der Fitnessökonomie

GRIN Verlag

GRIN - Your knowledge has value

Der GRIN Verlag publiziert seit 1998 wissenschaftliche Arbeiten von Studenten, Hochschullehrern und anderen Akademikern als eBook und gedrucktes Buch. Die Verlagswebsite www.grin.com ist die ideale Plattform zur Veröffentlichung von Hausarbeiten, Abschlussarbeiten, wissenschaftlichen Aufsätzen, Dissertationen und Fachbüchern.

Besuchen Sie uns im Internet:

http://www.grin.com/

http://www.facebook.com/grincom

http://www.twitter.com/grin_com

Deutsche Hochschule für
Prävention und Gesundheitsmanagement
Hermann Neuberger Sportschule 3
66123 Saarbrücken

Einsendeaufgabe

Fachmodul: Verkaufsmanagement

Studiengang: Fitnessökonomie

Datum
Präsenzphase: 06.03.2017 bis 08.03.2017

Name, Vorname: Kaplan, Mehmet

Studienort: **Stuttgart**

Semester: **Sommersemester 2016**

Inhaltsverzeichnis

1 EA: VERKAUFSMANAGEMENT 3

1.1 Verkaufsorganisation 3

1.2 Vergleich mit den 13 Stufen des Verkaufs 4

1.3 Verkaufsprozessoptimierung 6

2 EA: KUNDENORIENTIERUNG 6

2.1 Konzept der Selbstkonkordanz - Transformation der Modi 6

2.2 Kundenbindung 7

2.3 Zusatzverkäufe 8

3 TEAMS, MOTIVATION & FÜHRUNG 9

3.1 Teamentwicklung 9

3.2 Motivation 10

3.3 Führung 11

4 EA CONTROLLING 11

4.1 Kennzahlen im Vertrieb 11

4.2 Fluktuationsquote 13

5 LITERATURVERZEICHNIS 14

6 ABBILDUNGS- UND TABELLENVERZEICHNIS 14

6.1 Abbildungsverzeichnis 14

6.2 Tabellenverzeichnis 14

1 EA: Verkaufsmanagement

Tabelle 1: Klassifizierung/Einordnung

Name der Anlage und Standort (Stadt/Gemeinde):	
	Klassifizierung / Einordnung
Anlagenstruktur:	Racket-Studio (Squash)
Größe der Anlage:	1100 qm
Preisstruktur der Anlage:	24,90 €
Beschreibung der Kernleistungen (siehe Aufgabe1):	Fitness, Wellness und Squash

1.1 Verkaufsorganisation

An erster Stelle wird der Anruf eines Interessenten vom Service entgegengenommen, an den nächsten zuständigen Verkäufer weitergeleitet, welcher nun einen Termin mit dem Interessenten vereinbart. Als nächstes, wenn der Interessent den vereinbarten Termin wahrnimmt, wird er vom Service empfangen, begrüßt, bei Bedarf wird dem Interessenten ein Getränk angeboten und es folgt eine kurze Information zum weiteren Ablauf, damit der Kunde weiß was auf ihn zukommt. An dritter Stelle wird der Kunde vom Verkäufer bzw. Berater empfangen und es folgen die 8-Phasen Verkaufstechnik.

Tabelle 2: Die 8-Phasen Verkaufstechnik

1. Vertrauensphase	Begrüßung, Vorstellung und Vertrauensaufbau
2. Bedarfsanalyse	Anforderungen und Ziele des Kunden herausfinden
3. Gezieltes hinterfragen	Klarheit über die Aussagen des Kunden verschaffen durch Situationsfragen
4. Vertiefungsphase	Problemfragen werden gestellt, wie z.B.: „Was genau stört dich an ...?", um den tatsächlichen Grund der Anwesenheit des Kunden herauszufiltern
5. Zusammenfassen und wiederholen	Die Wichtigkeit der Interessen des Kunden verdeutlichen
6. Prioritätenphase	Die Priorität des Kunden herausfinden

7. Präsentation	Angebotspräsentation über die verfügbaren Optionen bzw. Mitgliedschaften und über das das Starterpaket, Merkmale, Vorteile und den Nutzen liefern
8. Abschluss	Abschluss durchführen, Mitgliedschaft wird vom Berater ausgefüllt und dem Interessenten wird das Vorgehen erläutert und Zeit zum durchlesen gegeben

Nachdem Abschluss überreicht der Verkäufer dem Interessenten bzw. Neu-Mitglied die nötige Infomappe und direkt im Anschluss folgt durch die Servicekraft eine Terminvereinbarung zum 1. Trainingsplan. Da nun alle wichtigen Punkte besprochen wurden, wird das Neu-Mitglied vom Service und Verkauf verabschiedet. Die Daten des Neu-Mitglieds werden der Verwaltung zur Anfertigung des Mitgliederausweises und zur Eingabe in das System weitergegeben. Die Verkaufsorganisation wird mit einer Verfassung des Willkommensbriefs von der Verwaltung an das Neu-Mitglied abgeschlossen.

1.2 Vergleich mit den 13 Stufen des Verkaufs

Tabelle 3: Vergleich mit den 13 Stufen des Verkaufs

Die 8-Phasen Verkaufstechnik			13 Stufen des Verkaufs	
1. Vertrauensphase	Begrüßung, Vorstellung und Vertrauensaufbau	Phase 1: Begrüßung	Stufe 1: Vorbereitung	Organisatorische- und mentale Vorbereitung
2. Bedarfsanalyse	Anforderungen und Ziele des Kunden herausfinden		Stufe 2: Kontaktaufnahme	Begrüßung, Vorstellung und Vertrauensaufbau
3. Gezieltes hinterfragen	Klarheit über die Aussagen des Kunden verschaffen durch Situationsfragen		Stufe 3: Aufbau einer persönlichen Beziehung	Strategien zur Gesprächseröffnung, Einsatz positiver und nonverbaler Körpersprache
4. Vertiefungsphase	Problemfragen werden gestellt, wie z.B.: „Was genau stört dich an …?", um den tatsächlichen Grund der Anwesenheit des Kunden herauszufiltern	Phase 2: Bedarfsanalyse	Stufe 4: Durchführung einer Bedarfsanalyse	SPIN-Methode verwenden und Einwandvorbehandlung

		Phase 3: Angebotspräsentation	Stufe 5: Durchführung einer Angebotspräsentation	Merkmale beschreiben, Vorteile aufzeigen und Nutzen liefern, positive Formulierungen verwenden
5. Zusammenfassen und wiederholen	Die Wichtigkeit der Interessen des Kunden verdeutlichen			
6. Prioritätenphase	Die Priorität des Kunden herausfinden		Stufe 6: Angebots- und Bestätigungsstufe	Bestätigungs- und Suggestivfragen einsetzen
7. Präsentation	Angebotspräsentation über die verfügbaren Optionen bzw. Mitgliedschaften und über das das Starterpaket, Merkmale, Vorteile und den Nutzen liefern		Stufe 7: Entschluss für Fitness- und Gesundheitsangebote	Dem Kunden klarmachen, dass das Angebot das richtige für ihn ist; der Kunde soll sich mit dem gemachten Angebot identifizieren
8. Abschluss	Abschluss durchführen, Mitgliedschaft wird vom Berater ausgefüllt und dem Interessenten wird das Vorgehen erläutert und Zeit zum durchlesen gegeben		Stufe 8: Preispräsentation für die Mitgliedschaft	Preis und Nutzen in Relation darstellen; kleiner Preis, großer Nutzen. Laufzeiten und Tarife darstellen
			Stufe 9: „Ja" für die Mitgliedschaft	Preisakzeptanz des Kunden
			Stufe 10: Preispräsentation für das Startpaket	Nutzen des Starpakets erläutern
		Phase 4: Abschluss	Stufe 11: Vorabschluss	Abschluss-Signale erkennen, „Drei-Schritte-Strategie" verwenden
			Stufe 12: Abschluss einer Mitgliedschaft	Mitgliedschaft ist vom Verkäufer auszufüllen, dem Kunden Zeit zum durchlesen geben
			Stufe 13: After-Sales-Phase	Positive Entscheidungsbestätigung, Überreichen der Info-Mappe, Gutscheine etc.

Im Vergleich zum „13 Stufen des Verkaufs", sind „Die 8-Phasen Verkaufstechnik" von der Reihenfolge her etwas unterschiedlich aufgebaut. Das Ziel der beiden Varianten ist jedoch so gut wie identisch, nämlich: den Verkauf zu optimieren. Der Fokus im „Die 8-Phasen Verkaufstechnik" liegt bei der Einwandvorbehandlung, welche durch die 8-Phasen ideal funktionieren soll. Die SPIN-Methode wird in den beiden Varianten des Verkaufs verwendet und ist als Gemeinsamkeit zu betrachten. Eine Vorbereitungsphase ist in den 8-Phasen als selbstverständlich zu betrachten, auch wenn diese nicht aufgelistet ist. Zu kritisieren ist jedoch die After-Sales-Phase, welche in den 8-Phasen nicht zu finden ist und wäre eine Möglichkeit die Verkaufstechnik zu erweitern bzw. zu vervollständigen.

1.3 Verkaufsprozessoptimierung

Eine Optimierung des Verkaufsprozesses wäre, wie bereits in der Aufgabe 1.2 erwähnt wurde, die Einführung einer vollständigen After-Sales-Phase. Denn der Kunde, welcher eine Mitgliedschaft abgeschlossen hat, vertraut dem Berater bzw. Verkäufer und ist willig und bereit weitere Käufe zu tätigen, da eine große Kaufkraft vorhanden ist. Wenn der Verkäufer nun ein After-Sales-Produkt, wie z.B. Trainingsequipment oder Nahrungsergänzungsmittel empfiehlt, wird der Kunde mit hoher Wahrscheinlichkeit zugreifen und der Verkaufsprozess des Unternehmens wird durch den weiteren Gewinn optimiert.

2 EA: Kundenorientierung

2.1 Konzept der Selbstkonkordanz - Transformation der Modi

Externaler Modus
Der Kunde verfolgt eine Zielintention, z.B. eine Mitgliedschaft im Fitnessstudio, nur deshalb, weil er von außen dazu veranlasst wurde (z.B. aufgrund einer Beitragsrückerstattung der Krankenkasse). Es besteht eine Sorglosigkeit, die eigene Motivation ist nicht vorhanden. Um eine Absichtsbildung hervorzurufen müssen die gesundheitlichen Probleme dem Kunden klargemacht werden, die er bekommen könnte, wenn er kein Sport betreibt. Diese wären z.B. Herz-Kreislauf-Erkrankungen, ästhetische Einbußen wie Übergewicht, geringe Leistungsfähigkeit und Belastbarkeit im Alltag etc.

Introjizierten Modus
Da nun der Arzt die möglichen langfristigen Risiken dem Kunden bewusstgemacht hat, sind nun Gründe vorhanden um mit dem Sport anzufangen bzw. fortzuführen. Jedoch sind das nicht die eigenen Beweggründe. Um die Motivation des Kunden zu erhöhen, sollten ihm die Vorteile aufgelistet werden und vor allem welchen Nutzen er durch Sport hat. Lob und Respekt gegenüber dem Kunden sind ebenfalls hilfreich um die Motivation zu erhöhen, denn der Kunde befindet sich noch in der extrinsischen Motivation.

Identifizierter Modus
Der Kunde erkennt die Vorteile und den Nutzen für die Gesundheit und betreibt deshalb weiterhin Sport. Damit Sport ein fester Lebensbestandteil des Kunden wird, wäre eine Zielformulierung, z.B. mit der SMART-Formel angebracht. Die Ziele sollten spezifisch/präzise, messbar, erreichbar, relevant und termingebunden formuliert werden um den intrinsischen Modus aufrechtzuerhalten. Soziale Unterstützung, Lob und Anerkennung von Familie und Freunden sind weitere Punkte um die Motivation aufrecht zu erhalten und um nicht in die Absichtslosigkeit zur verfallen

Intrinsischen Modus
Der Kunde betreibt den Sport aus eigenem Willen heraus, da er den größtmöglichen Nutzen für sich selbst erkannt hat und befindet sich von daher im intrinsischen Modus.

2.2 Kundenbindung

Maßnahme 1: Realistische Zielsetzung und Zielformulierung, Teilziele
Es ist wichtig, dass die Ziele nicht zu hoch gesetzt werden, denn wenn der Kunde seine Ziele nicht erreicht, wirkt es demotivierend und die Trainingsabbruchswahrscheinlichkeit steigt. Von daher sollten die Ziele realistisch gesetzt werden, um den Kunden ein Erfolgsgefühl zu garantieren, was mit hoher Wahrscheinlichkeit motiviert und glücklich macht. Soziale Unterstützung durch Lob, Anerkennung und sogenannte Re-Tests können hier vereinbart werden, um bei dem Kunden ein „Team-Gefühl" zu vermitteln und die Motivation zu erhöhen.

Maßnahme 2: Trainingsplan Erneuerung/Experimentieren mit neuen Übungen
Eine Periodisierung bei der Erstellung des Trainingsplans ist ein weiterer wichtiger Punkt, um gegen eine Trainingsmonotonie vorzubeugen. Ein regelmäßiges Trainings-

Check-Up durch Terminvereinbarungen ist eine gute Option die Kunden zum Training zu binden. Ein weiterer wichtiger Punkt wäre, ein abwechslungsreicher Trainingsplan, der das Gehirn fördert und aktiviert, für gute Laune sorgt und dadurch die Motivation steigert.

Maßnahme 3: Kurse
Kurse sind meistens eine gute Möglichkeit um die gemeinsame Motivation aller Teilnehmer zu stärken. Durch das gemeinsame Training wird ein soziales Netzwerk erschaffen, worin die Teilnehmer bzw. die Kunden untereinander kommunizieren, ein gemeinsames Erfolgserlebnis teilen und Spaß haben. Durch die soziale Unterstützung entsteht ein „Team-Gefühl", was die Motivation aller Teilnehmer ankurbelt.

Maßnahme 4: Wettbewerbe im Fitnessstudio
Wettbewerbe wie z.B. Kräftemessen bei verschiedenen Übungen, Tischtennis Turniere, etc. dienen für eine stimmungsreiche Atmosphäre im Studio und integrieren so gut wie alle Mitglieder sowohl als Teilnehmer, als auch als Zuschauer. Es entsteht ein Wettbewerbskampf unter den Mitgliedern, was dazu führt, dass alle Interessenten des Wettbewerbs häufiger ins Training kommen, um besser und stärker als die anderen zu werden bzw. um ihr Ansehen zu steigern.

Maßnahme 5: Seminare für Kunden/Mitglieder
Verschiedene Seminare wie z.B. Ernährungs- oder Trainingsseminare im Studio sind gute Informationsquellen und dienen zur Weiterbildung der Kunden. Hilfreiche Informationen dienen als Leitfaden bzw. Orientierung im Training und erhöhen die Erfolgsgarantie, wodurch die Trainingsabbruchwahrscheinlichkeit des Kunden sinkt.

2.3 Zusatzverkäufe

Derzeit erzielte Zusatzeinkünfte:
Trainingsbereich:
Trinkflasche Plastik – Diese Trinkflasche ist mit einem Logo des Unternehmens gekennzeichnet, in vielen Designs erhältlich und das Preis-Leistungsverhältnis ist sehr gut. Vorteile sind, dass eine Plastikflasche äußerst robust ist und nicht einfach wie Glas zerbrechen kann, von daher ist die Trinkfasche ideal für den Einsatz im Trainingsbereich. Ein weiterer Vorteil ist, dass Plastik im Gegensatz zu Edelstahl, Aluminium und Glas

sehr leicht ist und keine allzu große Last bildet. Die Flasche ist geeignet für alle Mitglieder und sogar erhältlich für Nicht-Mitglieder.

3 weitere Möglichkeiten Zusatzverkäufe zu generieren:

Trainingsbereich:

Trainingshandschuhe – Griffstärke, Griffgefühl und Trainingshandschuhe als Schutz für Hände und Handgelenke sind wichtige Punkte im Training. Handschuhe verbessern die Griffstärke und sorgen dafür, dass die Hände trocken bleiben, denn nasse Hände bergen ein Verletzungsrisiko, gerade bei schweren Gewichten. Fitnesshandschuhe verleihen ein besseres Griffgefühl im Training, schützen die Hände vor Verletzungen wie z.B. Hornhautbildung und verleihen bei hohen Belastungen durch die vernähten Gelenkbandagen Schutz für die Handgelenke. Trainingshandschuhe sind geeignet für Anfänger, Fortgeschrittene und werden häufig von Frauen bevorzugt.

Handtuch – Für jeden in verschiedenen Farben und Größen erhältlich, für die Nutzung während dem Training, im Entspannungsbereich und für den Alltag. Aus hygienischer Sicht hat der Besitzer des Handtuchs Schutz vor Schweiß bzw. Bakterien und sorgt für ein besseres Wohlbefinden.

Thekenbereich:

Protein-Shakes – Die hausgemachten Shakes versorgen den Körper mit reinem Eiweiß, unterstützen den Muskelaufbau und Fettabbau, verkürzen die Regenerationszeit und schmecken hervorragend. Den Shake gibt es in verschiedenen Geschmacksrichtungen und sind für jeden geeignet, denn Proteine sind ein wichtiger Bestandteil des Körpers, vor allem für Sportler nach dem Training.

3 Teams, Motivation & Führung

3.1 Teamentwicklung

Phase 1: Forming:

In der ersten Phase lernt sich das Team kennen. Es treffen verschiedene Persönlichkeiten aufeinander, woraus ein Team gebildet werden soll. Es herrscht ein höflicher, unpersönlicher, gespannter und vorsichtiger Umgang (Schlaffke & Plünnecke, 2016, S.124). Der Teamleiter kann die Phase des Kennenlernens so unterstützen, dass alle Beteiligten gut über die Aufgaben und Ziele informiert sind und sich die bis dahin noch Fremden Teammitglieder wohl und willkommen fühlen.

Phase 2: Storming:

In dieser Phase kommt es zu Konfrontationen und Cliquenbildungen zwischen den Personen. Ein mühsames Vorwärtskommen erschwert die Lage und es herrscht ein Gefühl des Stillstands (Schlaffke & Plünnecke, 2016, S.125).

Der Teamleiter sollte sich als Schlichter einsetzen und die angespannte Situation ablenken und beruhigen, indem er den Fokus des Teams auf die Ziele lenkt.

Phase 3: Norming:

In der dritten Phase werden neue Umgangsformen und Verhaltensweisen entwickelt, sodass ein Wir-Gefühl entsteht (Schlaffke & Plünnecke, 2016, S. 125)

Der Teamleiter kann nun seine Rolle als Coach und Berater zum Einsatz bringen, indem er die einzelnen Rollen managt, das Team ordnet und Werte und Normen definiert werden.

Phase 4: Performing:

In der letzten Phase wird das effiziente und effektive Arbeiten dargestellt, in welcher das Team ideenreich, flexibel, offen, leistungsfähig und hilfsbereit arbeitet (Schlaffke & Plünnecke, 2016, S. 125)

In der vierten Phase sollte der Teamleiter seinem Team Vertrauen schenken und sich vermehrt zurückhalten. Jedoch ist eine regelmäßige Überprüfung der Arbeitsabläufe zu empfehlen.

3.2 Motivation

Die Gruppenprovision mag zwar den Vorteil haben, dass mehr Zusammenarbeit im Team (zum Nutzen des Unternehmens) herrscht, jedoch besteht die Gefahr, dass durch die geringere Eigenverantwortung sich die verkaufsschwachen Teammitglieder zurückziehen und die Arbeit den verkaufsstarken Teammitgliedern bzw. „Star"-Verkäufern überlassen. Das wiederum verärgert die „Star"-Verkäufer, welche die Provision nicht teilen wollen.

Von daher lohnt sich eine Einzelprovision mehr, denn hier kann durch die Eigenverantwortung und Provisionssumme herausgefiltert werden, welche Teammitglieder tatsächlich die besseren Verkäufer bzw. „Star"-Verkäufer sind. Jeder sollte für seine geleistete Arbeit bzw. Abschlüsse durch die dementsprechende Provision belohnt werden. Bei Ausnahmefällen wie z.B. bei einer Betreuung des Kunden durch mehreren Angestellten (z.B. Trainer und Verkäufer), sollte eine Gruppenprovision stattfindet. Das bedeutet; Die Provision wird nur für die Mitarbeiter die am Abschluss des Kunden mitgewirkt haben aufgeteilt (Gruppenprovision) und wenn nur ein Mitarbeiter den Kunden bearbeitet und abgeschlossen hat, wird die volle Provision der einen Person ausbezahlt (Einzelprovision). Fazit: Eine gerechte Provision besteht aus einer Mischprovision aus Einzel- und Gruppenprovision, um die Mitarbeiter zu motivieren und fair zu behandeln.

3.3 Führung

Fallbeispiel 1: Management-by Exception
Das Management-by Exception ist eindeutig zu erkennen, da der Verantwortungsrahmen eines Mitarbeiters genau vorgegeben ist und Verbesserungsvorschläge und Ideen etc. mit dem Vorgesetzten abzusprechen sind (Schlaffke & Plünnecke, 2016, S. 114).

Fallbeispiel 2: Management-by Objectives
Der Leadership-Style ist anhand der freien Möglichkeiten um das Ziel zu erreichen identifizierbar. Festzustellende Vorteile sind: Bessere Identifikation der Mitarbeiter mit den Unternehmenszielen und die Schaffung von Kriterien für eine leistungsgerechte Entlohnung.
Nachteile sind: Probleme bei der operationalen Formulierung von Zielen für alle Ebenen, insbes. für die Führungs- und Stabstellen, die Konzentration auf messbare Größen und die Vernachlässigung von qualitativen Aspekten kann gefördert werden und dass nicht alle Mitarbeiter werden gefördert werden (Schlaffke & Plünnecke, 2016, S. 115).

4 EA Controlling

4.1 Kennzahlen im Vertrieb

Telefonquote (Durchschnitt aus 3 Monaten):

$$\text{Telefonquote} = \frac{\text{Anzahl der vereinbarten Beratungstermine}}{\text{Anzahl Interessentenanrufe}} * 100$$

$$\text{Telefonquote (Mellie)} = \frac{89 + 83 + 80}{111 + 99 + 103} * 100$$

Telefonquote (Mellie) = 80,51 %

Telefonquote (Miguel) = $\frac{90+96+85}{110+120+118} * 100$

Telefonquote (Miguel) = 77,87 %

Telefonquote (Simone) = $\frac{72+80+82}{196+180+185} * 100$

Telefonquote (Simone) = 41,71 %

Termineinhaltungsquote (Durchschnitt aus 3 Monaten):

Termineinhaltungsquote = $\frac{\text{Anzahl der erschienenen Beratungstermine}}{\text{Anzahl der vereinbarten Beratungstermine}} * 100$

Termineinhaltungsquote (Mellie) = $\frac{63+60+61}{89+83+80} * 100$

Termineinhaltungsquote (Mellie) = 73,01 %

Termineinhaltungsquote (Miguel) = $\frac{81+75+74}{90+96+85} * 100$

Termineinhaltungsquote (Miguel) = 84,87 %

Termineinhaltungsquote (Simone) = $\frac{39+42+42}{72+80+82} * 100$

Termineinhaltungsquote (Simone) = 52,56 %

Abschlussquote (Durchschnitt aus 3 Monaten):

$Abschlussquote = \frac{\text{Anzahl der abgeschlossenen Mitgliedschaften}}{\text{Anzahl der durchgeführten Beratngen}} * 100$

$Abschlussquote\ (Mellie) = \frac{28+25+24}{63+60+61} * 100$

Abschlussquote (Mellie) = 41,84 %

$Abschlussquote\ (Miguel) = \frac{72+69+67}{81+75+74} * 100$

Abschlussquote (Miguel) = 90,43 %

$Abschlussquote\ (Simone) = \frac{33+34+35}{39+42+42} * 100$

Abschlussquote (Simone) = 82,92 %

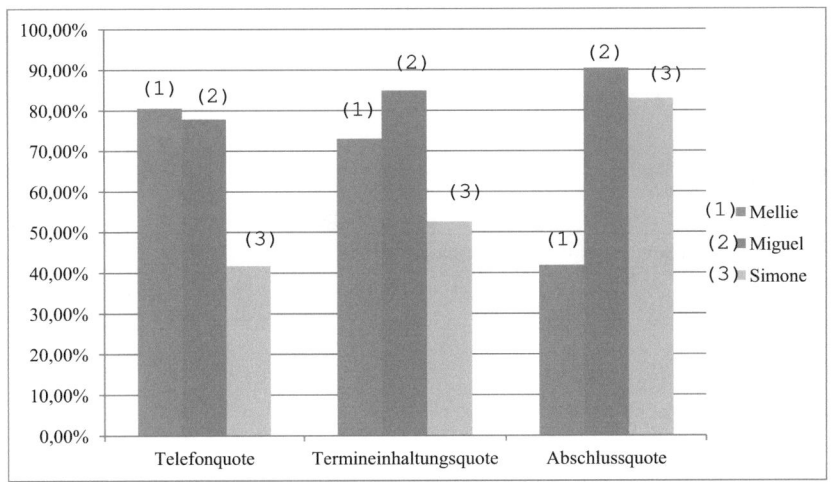

Abbildung 1: Quartalszahlen (Durchschnitt aus 3 Monaten)

Beurteilung der Kennzahlen:
Festzustellen ist, dass Allgemein betrachtet Miguel die besten Quoten besitzt und überall einsetzbar ist. Mellie hat eine schwache Abschlussquote und sollte von daher sich primär um die Terminierungen am Telefon kümmern und den Abschluss den Kollegen überlassen, um mehr Abschlüsse zu erzielen. Ganz im Gegenteil besitzt Simone zwar eine nicht allzu starke Telefonquote, jedoch eine relativ gute Abschlussquote und sollte von daher bei Beratungen eingesetzt werden, um ebenfalls die Abschlüsse zu erhöhen. Eine weitere Maßnahme ist, die Vertriebsmitarbeiter in ihren Schwächen durch Schulungen, Fortbildungen usw. zu stärken, um die Mitarbeiter bzw. die Quoten zu optimieren.

4.2 Fluktuationsquote

$$\text{Fluktuationsquote} = \frac{\text{Anzahl der Abgänge}}{\text{Durchschnittlicher Mitgliederbestand}} * 100$$

Für das letzte Geschäftsjahr:

Fluktuationsquote =

$$\frac{33+68+116+81+43+57+69+45+64+63+104+111}{\frac{3.700+3.800+3.860+3.870+3.879+3.925+3.938+3.930+3.952+3.971+4.005+4.024+4.046}{12}} * 100 = \frac{854}{3915} * 100 = 21{,}81\%$$

Senkung der Fluktuationsquote um 5% = 16,81%

16,81%=100*x/3915   /*3915

65811,15=100*x   //100

658,11=x

Das Ergebnis zeigt, dass es im letzten Jahr 196 (854-658,11) Kündigungen weniger wären.

Jahresumsatz:

50 € * 12Monate = 600€ netto Jahresumsatz pro Mitglied

600€ * 195 Mitglieder = 117000€ Mehrumsatz

5 Literaturverzeichnis

Schlaffke & Plünnecke (2016), Studienbrief „Verkaufsmanagement"
Deutsche Hochschule für Prävention und Gesundheitsmanagement, unveröffentlichtes Studienmaterial, Saarbrücken

6 Abbildungs- und Tabellenverzeichnis

6.1 Abbildungsverzeichnis

Abbildung 1: Quartalszahlen (Durchschnitt aus 3 Monaten)   S. 13

6.2 Tabellenverzeichnis

Tabelle 1: Klassifizierung/Einordnung   S. 3

Tabelle 2: Die 8-Phasen Verkaufstechnik   S. 3

Tabelle 3: Vergleich mit den 13 Stufen des Verkaufs   S. 4

BEI GRIN MACHT SICH IHR WISSEN BEZAHLT

- Wir veröffentlichen Ihre Hausarbeit, Bachelor- und Masterarbeit

- Ihr eigenes eBook und Buch - weltweit in allen wichtigen Shops

- Verdienen Sie an jedem Verkauf

Jetzt bei www.GRIN.com hochladen und kostenlos publizieren